Page libre

Page libre

Page libre

Préface

Au moment où j'écris ces premières lignes que vous lisez je n'ai pas encore totalement terminé l'écriture du recueil. Il me manque le dernier poème « Tourner la page » ; je tiens vraiment à ce que ce soient les dernières lignes que j'écrirais dans ce projet.

Parlons-en justement. Ce projet, le premier que je termine ; avec un titre éponyme : « Esmée » Esmée c'est un prénom qui signifie « qui est aimé » en latin, et ici, il s'agit de la douleur créatrice, celle qui nous rend malheureux, triste, mais qui nous permet d'écrire, de dessiner, de chanter … avec énormément d'inspiration et de beauté. C'est cette douleur qui m'a toujours fait écrire et qui a permis l'élaboration de ce recueil, alors il était normal pour moi de la nommer et de lui rendre hommage.

Je vais essayer de ne pas faire une préface trop longue, je vous présente donc 18 poèmes écrits entre le printemps 2022 et le printemps 2023.

Une année de ma vie vraiment difficile où je me suis perdu entre angoisse, jalousie et colère mais vous le remarquerez sans doute assez rapidement à travers les écrits que je vous livre.

Je me suis également permis de rajouter des « bonus » à savoir un ancien poème à moi daté de 2015 qui est un écrit auquel je fais souvent référence puisqu'il est le premier et le seul que j'ai assumé devant d'autres personnes et que, malgré le temps, je trouve toujours publiable et digne de lecture ; ainsi qu'un « one-shot » écrit au milieu du recueil afin de marquer le départ « sérieux » de ce projet dans mon esprit et que j'ai déjà publié sur le réseau social twitter.

Quelques remerciements rapides tout de même pour tout d'abord ma famille qui m'a toujours soutenu dans cette passion qu'est l'écriture et cela depuis ma jeune enfance, mais également à mes professeurs de français respectivement au collège et au lycée Martine Rebmann et Camille Rustand qui elles aussi ont su me maintenir dans cette passion, m'encourager mais aussi me faire découvrir bien des auteurs et des techniques d'écritures en plus d'élargir ma façon de penser.

Pensée évidente à mes ami.e.s qui m'ont soutenu pendant toute cette période sans vraiment le savoir ou sans rendre compte, le Tatacuicui bien-sûr mais aussi Loëz, Alicia, Risa et Stéphane, merci pour tout ce que vous m'apportez.

Enfin, la meilleure pour la fin, ma fiancée, Laurie, qui a toujours été là même quand je devenais insupportable ou invivable, quand j'étais plus proche de la tortue sous sa carapace que du petit-ami aimant, merci d'avoir été là, de l'être encore et de m'avoir soutenu et supporté pendant cette année difficile, merci également pour ces 7 années magnifiques à tes côtés ; merci d'être toujours ma muse, celle qui me donne de l'inspiration lorsque tout va bien et le sourire lorsque tout va mal. Je t'aime.

Voici donc ma première publication, la première que je me sens fier et capable de publier publiquement et ouvertement.

J'espère sincèrement que cela vous plaira, bonne lecture.

MATHIS Dylan

Page libre

© 2023, Dylan MATHIS

Édition : BoD – Books on Demand, info@bod.fr
Impression : BoD – Books on Demand, In de Tarpen 42, Norderstedt (Allemagne)
Impression à la demande

Dépôt légal : Mai 2023

Numéro ISBN : 978-2-3220-4108-4

Esmée

Par Dylan MATHIS

Esmée

Après les ténèbres, le brouillard, la tempête et la grêle
Avant l'arc-en-ciel, l'été et ce doux vent frais au-dessus des cheveux
Laisser à nouveau mes pensées s'emmêler, en rimes, en vers et sans fumée
Ne rien oublier, juste, se rappeler de soi.

Se relever, accepter, renaître comment fait-on ?
Comment répondre à toutes ces questions ?
Il faut un peu d'espoir, quelques pleurs et lâcher prise
Dépasser les cieux, le Styx, puis la méprise

Perdre son temps, encore et encore
Fatalité inévitable, sentier de mort
Prenons-le, singulièrement, tous ensemble
Vitalité infatigable, l'angoisse en tremble

Laisser passer les grands froids, les petites mines
Pour voir fleurir la nature dans ses robes sublimes
Le temps de quelques lunes, quelques vacances
Jusqu'au bout de la nuit, de la vie, le temps d'une danse.

Regarder sous le lit, affronter ses faiblesses
Main dans la main avec lui, le monstre, l'ogresse
Les yeux verts, le teint pâle, mais un sourire angélique
Pour vaincre les sortilèges paraboliques

Rechuter, évidemment, juste une fois
Le bonheur, la souffrance, c'est comme ça
Chaque chose n'existe que par son contraire
Il faut donc avant toute chose, retrouver sa colère

Pleurer, crier, oublier, et recommencer
Ni une première, ni la dernière, Esmée
Le cycle éternel des cicatrices
De cette douleur vide, créatrice

Se relever, lentement mais sûrement
Avec un sourire écorché, silencieux, ardent
Qui vient du cœur, des tripes, qui respire
Et laisse peu à peu sa place à l'avenir

Écrire, avec son âme
Enfin, tout laisser sortir, sans drame
Le matin très tôt, ou plutôt trop tard
Au fil des saisons, surtout des brouillards.

Cœur noir

Je mets un terme au jour, bienvenue dans ma vie
Empire de la souffrance, royaume de la rêverie
Esmée m'a rendu Orphée, j'ai arrêté de respirer
Mon cœur bat encore, dans l'obscurité

Le cœur rongé, l'âme en peine ; tout en douleur
Plus rien à espérer, à récupérer, sans douceur
Un être en perdition, construit en amertume
Emprisonné dans ses cauchemars diurnes

Les ruines de ma vie sont gouvernées
Empire intouchable, force invincible
Le sol s'est ouvert en deux, fissuré
Ma vie, voué à rester invisible

Le destin est traître, enfant de peur
L'esprit dans le blizzard, émotions aveugles
Vice oublié pour des instants de bonheur
Faux-semblant pour ne pas se retrouver seul

Dormeur diurne, voyageur nocturne
Esprit apaisé ou pleurs taciturne
Fuite insensée, pause nécessaire
Quelques mois à passer sous terre

Un silence tonitruant, le dernier calme

Et dans un sifflement, tout s'enflamme

Rongé par la colère de mon cœur qui crame

Je rêve aussi parfois, de lui éclater le crâne

Dans le fond, je crois que je suis désolé

Parfois j'aimerais qu'il n'ait jamais existé

Sauf quand je voudrais, moi, disparaître

Pour faire taire, enfin, mon mal-être

Une nuit ensemble, loin de moi, loin des yeux

Ô désespoir, ils ont disparu, tous mes vœux

Le soleil se lèvera demain, ambiance funèbre

Je resterais certainement dans les ténèbres

Que les cieux me libèrent, que les dieux me lâchent

Mon cœur émietté a finalement trouvé ses agrafes

L'espoir les tiendra ensemble

Je plonge dans l'inconscience

<u>Pièces</u>

La vie est une succession de pièces
Similaires les unes aux autres
Comme si hier était demain
Comme si le ciel était bleu, et l'océan aussi

La vie n'est qu'une succession de pièces
Cette pièce ; à la fois remplie et en pièce
Malgré les apparences, je la veux animée
Des nombreuses personnes, qui savent me combler

La vie n'est qu'une succession de pièces
Sans fenêtres, ni portes, où tout se ressemble
Emplie d'une ambiance qui nous blesse
De sentiments, d'émotions qui nous rassemblent

La vie n'est qu'une succession de pièces
Imaginaires et pourtant si réelles
Invisibles et pourtant sous nos yeux en liesse
Tout y va si vite, même nos querelles

La vie n'est qu'une succession de pièces
Certaines m'intimident, d'autres me calment
Cinquième roue du carrosse, perdue dans l'âme
Apeuré de déranger, d'être de trop, celui qu'on délaisse

La vie n'est qu'une succession de pièces

Desquelles on ne peut ni entrer, ni sortir

On y crie, on y dort, on y aime jusqu'à ce que cela cesse

Nos pensées y sont éphémères, comme un éclat de rire

La vie n'est qu'une succession de pièce

Où les nouveau-nés côtoient la vieillesse

L'univers tient en une petite salle, quelle sorcellerie

Appelons cela, la force de l'esprit

La vie n'est qu'une succession de pièces

Il manque une serrure, une poignée et une porte

C'est le vacarme, ou le grand silence, peu importe

Temps qu'on les traverse dans la tendresse

La vie n'est qu'une succession de pièces

Et cette pièce, je veux la partager avec toi

Pour ne plus jamais être isolé par la tristesse

Cette vie, cette pièce, elle n'existe pas, si tu n'es pas là

<u>Laurie</u>

Les nuits passent, corps à corps, cœur à cœur
Les années défilent, dans tes bras, sous les draps
Pourtant aucune étoile ne ressemble à ses congénères
Comme si tu rendais chaque instant de ma vie unique

Merci, pour tous ces rires, tous ces baisers, tous ces sourires
Main dans la main, je t'ai tant cherché toute mon enfance
La femme de mes rêves, la femme de ma vie
Cette existence avec toi est la plus belle des danses

Perds-moi dans notre éternité
Que demain et hier soit une seule journée
Tous les deux, ensemble, fusionnels
Amour simple et passionnel, obsessionnel

Vivons ce conte de fée
Pour toujours, ils se sont aimés
Leurs enfants étaient magiques, magnifiques
Leur souvenir reste une merveilleuse musique

Laisse-moi vivre comme ça, avec toi
Sans barrière, mensonge ni secret
Mari et femme, reine et roi
Temps que l'on se sourît, rien ne pourra nous séparer

Le brouillard ambiant, douceur sublime
Le vent, léger, caresse mes joues
Sous mes deux yeux nuages
Un complexe monde de loups

Ensemble, pour tout affronter, tout supporter
Toi et moi contre le monde, contre la vie
Rêver d'un monde meilleur, plus adapté
Rien que nous, pour toute une nuit

Depuis l'enfance, nos destins liés
Qui aurait cru à ce 12 juillet ?
Personne n'y croyait, c'est ce que tu me disais
Sept ans plus tard, toujours aussi niais

Mon amour, crois-moi, c'est toujours aussi intense
Ça bat, là, sous ma poitrine, seulement pour toi
Hier, demain et jusqu'après mon ultime pénitence
Je t'appartiens, bientôt jusqu'aux yeux de la loi

Corazon

Que le temps passe, loin de tout

Les questions restent les mêmes

Les réponses restent absentes

Peu m'importe, temps qu'elle est près de moi

Le long de ces journées qui coulent les unes après les autres

J'aperçois le fil de mon cœur se détendre et s'emmêler avec le soi

Sans rupture, sans blessure, juste une vive douleur sans cause

Union fatale de l'âme et de l'être en une entité qui déçoit

Tic, Tac, Tic, Tac ; l'horloge brûle

Des désirs, des choix, des besoins, des remords

Excès de zèle, excès de substances, excès de bulles

Jouer est important, refuser de subir le sort

Savoir, pouvoir écrire, c'est comme un don

Qui libère, qui protège, qui rassure quand le tonnerre gronde

Tout ce qui l'entoure, pourtant, c'est la peur, l'angoisse

 Du négatif en intraveineuse sublimé par le temps fuyard qui passe

La musique, celle qui danse dans nos petites têtes

La musique de l'espérance, qui fait chanter nos corps

C'est un cri du cœur, un hurlement de louve

Pour exprimer ce qu'on souhaite vivre après la mort

Une quête inévitable et éternelle
Trouver la bonne personne, être aimer, devenir immortel
L'âme sœur, une recette de grand-mère qui éblouie l'existence
On trouve toujours la moitié qui complète l'essence

La perfection des sentiments se trouve en cet instant
Lorsque le cœur brisé est pansé par un cœur en hyperactivité
Quand le monde perdu est à nouveau vu par nos yeux d'enfant
Parce qu'enfin, après des années, on apprend à nouveau à aimer

Choisir c'est aussi prendre des risques
Les risques, la raison de nos craintes
Et nos craintes, notre increvable moteur
Ce moteur, guidé par l'amour que renferme mon cœur

Pour tant de fleurs, de saisons et de moments
Ruissellement intarissable, la nature et son amant
Tempête, naufrage, calme plat, en seulement quelques secondes
Leçons inoubliables, je suis amoureux, de la plus belle de tout le monde

Regards

À la recherche des yeux, du regard des autres

Pour un rire, un sourire, ou une attention

Juste de quoi exister un peu dans la vie d'autrui

De quoi être moi, hors de ma vie

Et si j'étais tout seul, perdu au milieu du monde
Sans rien ni personne pour m'aider à supporter la ronde
Pour porter mon petit cœur loin de mes idées vicieuses
Séparer l'homme de ses tares vénéneuses

J'ai besoin de recevoir de l'affection
D'avoir sur moi toute l'attention
Ne me laissez pas retrouver ma solitude
Je ne veux plus traverser ces déserts arides

Je n'accorde que rarement ma confiance
J'appréhende toujours les vengeances
Solitaire et inquiet de le rester, de le redevenir
Laissez-moi être le centre du monde, ou le devenir

Je suis désolé pour tous ces mauvais choix
Je voulais simplement que l'on s'intéresse à moi
Continuellement, jusqu'à l'automatisme
Tout en sachant quand me laisser tranquille

Regardez-moi, juste moi et encore moi

Là, maintenant, et demain repensez à tout ça

Laissez-moi être votre soleil, avant que je ne m'éteigne

Je suis l'enfant de la lune, j'attends mon règne

Je veux tout, tout le temps, tout, maintenant

Soyez à mes soins, comblez mes besoins

Faites-le pour moi, tendez-moi la main

Ou ne m'écoutez pas, ça passera sûrement

Ce ne sont que des caprices puérils, longue enfance

Je ne veux rien d'autre que de la tendresse

Celle que je donne tant, sans revanche vengeresse

Peu importe, je continue à attendre ma chance

Je voulais simplement, moi aussi, être aimé

Faire partie du monde, des groupes, des amitiés

Donner un brin d'éclipse à ma nuit éternelle

Comme si ça pouvait m'aider à fuir ce monde cruel

Un jour, toujours

Depuis tout ce temps, comme inscrit dans mon sang
Malgré les erreurs, la fatigue et les mauvais moments
Une providence pour nous, un démon pour les autres
Il n'est pourtant question que de divertissement et de codes

Quelques heures de plus, jusqu'au matin
Dans la passion de ma nostalgie, sur fond d'euphorie
Comme avant, quand on était plus jeunes, petits malins
Sous la couette, dans un silence assourdissant ou chez mamie

Le goût du temps qui passe, qui affine, qui transforme
On n'arrête pas le progrès, même si on ne le remarque jamais
Les saveurs sont différentes, c'est vrai, tout se déforme
Gardons au moins le plaisir, et faisons comme si de rien n'était

Encore quelques heures, juste une nuit
Dans le monde entier ou seul dans sa chambre
Rêver un peu, s'évader, survivre aux zombies
Plutôt que de regarder le monde partir en cendre

La compétition ou le plaisir, à chacun sa relaxation
En détente, stratégie ou talent, seule la chance l'emporte
Mise à l'épreuve imprévue de nos plus basiques intuitions
Ils nous promènent, j'aime qu'ils me transportent

Un astre magnifique a vu se découvrir les plus belles créations

Les plus émouvantes ont laissées des marques indélébiles, gravées

Depuis l'enfance, une activité sans potentielle rivalité

Des émotions exacerbées cachée dans mon abnégation

La frustration en embuscade n'est pas même lassante

Il faut tomber pour mieux se relever, et quelles chutes

Du matin au soir reprendre tout l'espoir perdu en dispute

Et repartir, confiant, pour une nouvelle danse

Des rencontres, fortuites ou programmées

Une activité sociale, des souvenirs joviales

Certains sont restés, d'autres resteront déconnectés

On se retrouve ce week-end, ou tard le soir

Je suis heureux d'y avoir consacré tant d'années

Encore plus de pouvoir continuer à le faire

Malgré la vie qui avance, les soucis à arranger

Je trouverais toujours un peu de temps, même en enfer

Corps & Âme

Au-delà de l'effort, on trouve le réconfort
Un esprit sain dans un corps sain
Je ne pensais pas calmer mes maux sans mots
Il suffisait de fermer les yeux, et de courir tout droit

J'arrive plus à penser, plus rien à panser
Pendant quelques moments passés
Des exercices, ceux qui abrutissent
Selon les contes et les bêtises

J'me sens libre, loin de la pression
Éphémère comme illusion
Soulage l'esprit par le corps
Ça remplace l'angoisse, elle s'endort

Un nouveau souffle, un nouvel air
Des efforts répétés, accoutumés
Routine accrocheuse, temps simplifié
On avance, sans oublier, sans regarder derrière

Toujours plus, sans excès
Sans confiance exagéré
Juste moi, et mon enveloppe charnelle
Enfin libéré de cette décennie conflictuelle

Des courbatures du soir au matin
Une fatigue pesante me prend par la main
Il faut un temps pour tout, aussi pour le repos
Après l'effort, le réconfort : yeux clos

Drôle de constat, drôle de souffrance
L'apeurance fait place à l'assurance
Le temps se perd dans la métamorphose
L'importance se trouve dans l'osmose

Question d'habitude ou de motivation
Le temps fait son effet, le temps semble disparaître
Concentration reportée, semblant de transformation
On apprend toute la vie à se reconnaître

Des convictions solides, de belles résolutions
Je repense à l'adolescent que j'étais
Je ne pense pas qu'il comprendrait
Mais tu verras, mon grand, ça change l'horizon

<u>Alicia</u>

Je devais te laisser quelques tâches d'encre
Comme tu sais toi aussi le faire
La dernière et la première de mes amies
Il était temps de te dire merci

Mes souvenirs sont flous, j'admets hésiter
Comme si on se connaissait depuis toujours
Je ne saurais même plus dire comment on s'est rencontrer
Tout ce que je sais, c'est que ça devait être un vrai bon jour

Tu es restée tout ce temps, à mes côtés
Et tu es toujours là, quel pessimiste que j'étais
Tu continues à me comprendre, à m'écouter
Même dans mes absences, tu sais persister

Plus les années avancent et moins tu t'éloignes
Merci pour tous ces moments où tu me soignes
Tu m'as appris comment me reposer
Pardonne-moi d'avoir été si longtemps effrayé

On n'a pas encore fait les 400 coups ensemble
Mais ça viendra, quand on pensera à les comptés
Achevée l'époque du sol qui tremble
Il est grand temps, de recommencer à rêver

Et je t'écris, sans savoir si tu me liras

L'esprit libre, en écoutant Loona

Je repense à nos discussions pas si nocturnes

Ainsi qu'à nos rires pleins d'infortunes

Je n'ai jamais trop su trouver les mots

M'exprimer, sans en faire trop

Te dire les choses, facilement

Comme un ami, tendrement

Le temps passe mais je reste ici

Là pour toi, moi aussi

Apprends à prendre soin de toi

Et ne t'oublie jamais, Alicia

Arrivée dans ma vie par pure hasard

Cerveaux connectés, cœurs bavards

On s'est trouvés comme deux carcasses

Je t'ai ouvert mon cœur, profite du voyage

<u>Tatacuicui jusqu'à l'infini</u>

Attention pénible

Sentiments futiles

Agressivité passive

Habitude débile

Pupilles écarlates, point de fumée

Iris scintillantes, vapeurs de l'amitié

Merci pour les vœux, merci pour les fleurs

Que sont donc devenus mes pleurs ?

La fatigue, inlassable

Le sommeil, passable

Les nuages se fondent en eau

Au milieu de ce beau chaos

La libération du soi, le bonheur d'exister

Entre véritable surprise et faux-semblants

Sourire angélique, âme d'enfant

Ni rassuré, ni effrayé

Le loup dans sa meute, comme un mouton dans le troupeau

Le cœur à nu, les émotions secrètes

Apparences honnêtes, douleurs discrètes

Confession et mensonge sous un même drapeau

Comme une seconde naissance

La découverte du nouveau monde

Montez sur mon navire, mes amis

Ensemble, contre les autres, face au tsunami

Ni pacte de sang ni serment éternel

Seulement de la confiance mutuelle

Plus belle preuve d'union de notre siècle

Quitte à ressembler à une obscure secte

Et quand la fatigue nous enlace

Que dans la nuit, nait la liesse

Nos regards se croisent dans les cris

Lorsque nos poumons sifflent de rires

Je voulais vous remercier d'être entré dans ma vie

Un beau jour, de ne jamais en être reparti

Même si le temps n'est pas toujours clément

Nos souvenirs, nos liens, dureront éternellement

Anciens

Petits parents comme grands enfants

Tous sous les mêmes flambeaux

Les pieds pendus dans le néant

Guantanamo dans le cerveau

Cette pression, au fond du cœur

Qui hante pensées et souvenirs

Cette plaie, ancienne douleur, nouvelle peur

Qui freine les passions et les rires

Modelé, programmé, aliéné

Éduqué, protégé, privilégié

Déterminé sans connaître ses causes

Grandir et découvrir ses névroses

Culpabilité stupide, reproches futiles

Self-care, priorité nécessaire, un peu de repos

Apprendre à ne pas se faire davantage de bile

Essayer d'être soi, un véritable nindô

Sortir des sentiers tracés, dessinés pour nous

Choisir, enfin, changer son pouls

Quitter les arides sols pollués

Pour une prairie qui ne demande qu'à respirer

Le bout du tunnel, la fin de la tempête

Le retour au calme, peut-être

Malgré les nuages sombres proches

Qui reviendront, les mains dans les poches

Le temps passe, les jours s'écoulent

Comme des grains de sables dans le désert

Les pensées anciennes plongent et coulent

Lorsqu'enfin le futur, se met à découvert

Un vent de jeunesse dans les codes archaïques

Des fissures minimes et subtiles, blessures critiques

Comme une odeur de changement dans les cieux gris

Que le château s'effondre sous tous nos cris

Demain sera synonyme de liberté

Enfin débarrassé de vos préjugés

Un soleil nouveau, brillant et prometteur

Effaçant les angoisses, les douleurs, les pleurs.

Banderoles

En inclusif, dans les manifs
En idole dans les écoles
La jeunesse fédère et accélère
Pour sa solution, la révolution

Ensemble, dans le chant, dans la colère
Contre les injustices, contre les puissants
Une union solide et prolétaire
Pour renverser le gouvernement

Anticapitalistes, antifascistes, révolutionnaires
Nous sommes légions, nous sommes le peuple
Sous une même banderole, on fait trembler la terre
On vient reprendre ce qu'ils ont voler par orgueil

Jeunes comme vieux, travailleurs, étudiants, retraités
Tous concernés, tous maltraités, tous révoltés
Excédés par les patrons, la patrie et le patriarcat
Nous lutterons encore, nous ne lâcherons pas

Depuis des années, malmenés, oubliés
Comme si nous étions déchus, exilés
Pourtant porteurs de merveilleuses idées
Pour changer un pays trop arriéré

Cruciale cause que de changer le monde
Cette terre tourne à l'envers, une horloge cassée
Faussement réparée par ceux qui l'ont déréglée
Encore et encore, tare ancienne et profonde

La colère fédératrice d'un peuple harassé
La foudre tombera, le ciel rougira
Une nouvelle vie, nouvelle ère apaisée
La 5e république limogée comme un roi

Des plans sur la comète, celle qui va s'écrasée
On y croit, pour de vrai, on peut le faire, on le sait
Avec nos cœurs, avec nos voix, avec nos corps
On est là pour recommencer, pour casser tous les codes

L'histoire s'écrit sous nos chansons
Dans la rue, dans les universités
Nous venons chercher notre révolution
Avec nos banderoles et nos idées

Sortilèges paraboliques

Jour comme nuit, enfermé dans ses bras
L'angoisse me condamne à la perpétuité
Prison obscure, j'avance comme je recule
Mon âme disparaît dans mon effroi

La lumière aveuglante, elle est si lointaine
Elle semble inaccessible, mon nouveau soleil
Elle m'aveugle autant qu'elle me réchauffe
Piégé ici, mon corps et mon cœur saignent

Je suis ici depuis déjà tellement de temps
Même si je le souhaitais, je ne pourrais plus le compter
Infernal et sombre, cette tombe est un diable insatisfait
Peut-être que je pourrais m'enfuir, quand je serais grand

J'attends mon heure, comme tous les autres
Un jour ce sera mon tour, d'être comme les autres
Même si, pour l'instant je ne peux que regarder le ciel
J'espère quitter bientôt cette prison artificielle

Est-ce la nuit qui est longue
Laissant temps à mes terribles songes
Ou mon ciel qui ne s'éclaircit plus
Je crois que je me suis encore perdu

Toute cette colère, qui se renferme en moi
Étreinte démoniaque qui ne s'abime pas
La tension monte entre moi et le monde
Je voudrais presque le réduire en cendre

Ce sentiment d'injustice qui me dévaste
Je me dois de lutter, pendant que tout se dégrade
Encore une fois seul et isolé, maudit
Le vicieux destin m'a encore trahi

Plus j'avance, plus je m'enfonce, en boucle
Mon départ est mon arrivée, peine double
Je suffoque, ma douleur s'intensifie
La mort s'approche, elle me veut dans son lit

Je ne sais pas si je m'en sortirais, c'est un puit sans fond
D'où ne peuvent entrer et sortir le moindre son
Je me raconte des histoires, pour m'endormir la nuit
Je me demande comment elle est, en vrai, la vie

Canapé Rouge

Me, myself & I ; toujours moi

Pas grand-chose à raconter, rien de plus que mes sentiments

Le temps de quelques courtes lignes

Sans talent mais avec beaucoup de prétention

Et j'suis là, sur mon canapé rouge

Avec cette envie de rien et ce vide de tout

À laisser passer le temps et la nuit

Dans l'inattention et l'ennui.

Et j'suis là, sur mon canapé rouge

Entre cauchemar, réalité et songes

En proie à mes passions extrêmes

Jalousie, paranoïa, poème.

Et j'suis là, sur mon canapé rouge

Épuisant mes idées farouches

Un ermite au cœur amoureux

Chiant, dramatique, un brin paresseux

Et j'suis là, sur mon canapé rouge

Sans sommeil, peur du mensonge

Mélancolie divine, nostalgie mortelle

J'veux pas finir seul, sans ailes et sans elle.

Et j'suis là, sur mon canapé rouge

Face à moi-même, confronté à ce que j'éprouve

À souffrir en silence, dans les hurlements de mon cœur

Je suis souffrant, déprimé et muet, par pure peur

Et j'suis là, sur mon canapé rouge

À nouveau, encore, toujours

Écrasé par le poids de la culpabilité

Je refuse d'être la créature qui ne sait pas aimer

Et j'suis là, sur mon canapé rouge

Dans un froid hivernal, une chaleur andalouse

À espérer qu'elle vienne me sauver

Juste un instant, me voler un baiser

Et j'suis là, sur mon canapé rouge

Loin des autres, de nos séjours

Comme si c'était un lointain souvenir

J'en peux plus, je dois me lever, sortir…

<u>Moi et moi</u>

Je me déteste. Soyons clairs.

Sans trêve et sans rêves

Les nuits infernales

Juste pour une énième valse.

De l'aube au crépuscule, sous les vagues de larmes

Dans la tourmente et les cauchemars, fissuré du cœur à l'âme

Pourtant sans sommeil, sans repos, sans répit ; sans respirer

Je vis d'amour et de souffrance, encrés dans mon éternité.

Ce ciel obscur aux multiples noirceurs

Libre de tout espoir, vide d'allégresse

Tambourinant aux portes de mes peurs

Comme une muse triste, sans tendresse

Une vague morbide et effrayante

Vide de vie, avide de mort

Avec sa voix criarde et gênante

Et son désir sans fin de mon corps

J'habite dans un tourbillon de fatalité

Prison de glace, un empire en papier

Dans lequel hurlent bourrasques et ouragans

Déchéance joviale, abandon du temps

Comme à chacun son fardeau, je m'appartiens
Cohabitation houleuse depuis jadis
Semonces intempestives, pour tout, pour rien
Pas assez heureux, beaucoup trop triste

Vivre avec, c'est renoncé, s'abandonné
Capitulation indélébile, désordre ordonné
Question de survie pour pouvoir respirer
Avant de continuer à vivre en apnée

La route est longue, lente et fatigante
Sentier dégradé, amoché, désaccordé
Le soleil réchauffe ces terres brulantes
Pont spirituel, cœur d'Orphée

La vie, l'espoir, encore, toujours
Essence évidente, cette nuit
Cruels limbes ont caché le jour
C'est maintenant qu'on s'enfuit

Ciel bleu

Le chemin a été long, je dois l'admettre
Je pensais ne jamais en voir le bout, ne jamais arriver
Je ne suis toujours pas sûr d'être à bon port
Mais la haine ne passe plus la porte, ou seulement pour un verre

Finalement, on finit toujours par relativiser
C'est le cycle de la vie, apprendre à pardonner
Même si ça fait mal, même si c'est impossible
Il faut s'écouter, qu'importe le risible

Cela semblait si simple avant, interminable
Je pensais que les cieux étaient simplement nés sombres
Que cette lumière était invisible, inatteignable
Pourtant je la ressens cette fuite des ombres

Enfin sorti du labyrinthe, sans fil d'Ariane
Aveuglé par la lumière et bouleversé par les odeurs
Libre, à parler seul comme un chamane
Je vais pouvoir me reposer dans ces fleurs

Curatif, sommeil réparateur
Tous ces cauchemars, ces peurs
En cavale, enfuies, loin de ma tête
Rien n'est éternel, continuez la fête

J'ai donné mon cœur comme ma confiance

Avant de me retrouver déboussolé dans l'errance

Peu m'importe à qui la faute, à moi ou à eux

Du moment que l'on peut dire que l'on vit heureux

Apprendre à vivre avec, sans mal

Sans larmes, sans drames, sans râles

Fuir les abysses, gouffre sans fond

Où se perdent toutes les images, les sons

Malgré les nuages, les tourments

Il faut tenir, contre tout vent

Enfin ressortir et sourire à nouveau

Revoir le ciel bleu et quelques oiseaux

Rien n'est gris, tout n'est plus que noir ou blanc

Il faut arrêter d'y croire, arrêter de faire semblant

La seule vérité, c'est le cœur, les sentiments

Rien n'est trop grand, pour cœur aimant

Années fusées

Si c'était à refaire, à revivre
Je resignerais tous les sept ans
Pour passer quelques autres vies à tes côtés
Juste toi, moi et notre amour

Je n'ai jamais été aussi heureux
Que depuis que je te connais
Et chaque jour de plus en plus amoureux
Ça ne semble jamais s'arrêter

On s'est aimer dès le premier jour
Ça fait déjà six ans, bientôt sept
Désolé de ne pas avoir été là depuis toujours
Mais sache que je vais continuer à l'être

Je suis si souvent tomber amoureux
Avant de découvrir ce qu'était vraiment l'Amour
Avec toi, à tes côtés, celle que j'attendais depuis toujours
La réponse des étoiles à mes si nombreux vœux

Le temps est une flèche, immuable
Pourtant à tes côtés, le temps semble s'arrêter
2016, c'était tout à l'heure, quand on s'est embrasser
Instant magique qui semblait inéluctable

Et je retombe encore et encore amoureux de toi
Sans même avoir besoin de t'oublier
Chaque jour je te donne un peu plus de moi
Souviens-toi, pour toujours, de ces années

Peut-être les plus belles de nos vies
Les premières, les plus dures
Elles ont été pour moi si belles, si vite
Plus je ferme les yeux, plus elles durent

Tout ce temps écoulé si rapidement
Le sablier court, printemps après printemps
Je vois presque déjà le sourire de nos beaux enfants
Ils ont vraiment de la chance d'avoir une si belle maman

Je te redirais certains de ces mots dans sept années
On fêtera alors nos quatorze ans, en couple marié
Mais finalement, comme pour nos premières années
En ouvrant les yeux demain, Nous serons déjà arrivés

Retour

Sobre existence déjà fatiguée ?

Un arc-en-ciel achromatisé

Un nuage gris estivale

La fin du bal

Si finalement ça ne s'en allait jamais ?
Si je gardais cette chose au fond de moi, une éternité
Nourrit par la haine, bercé par le désespoir
Réveillé comme endormi, perdu dans le noir

Est-ce que j'arriverais à vivre avec ?
Comme si de rien était, en faisant semblant
Le cerveau rempli mais le cœur sec
Rester là, presque de marbre, à me ronger les sangs

Peut-être que je n'ai pas le choix ?
Même que tout le monde fait comme ça
J'essaie vraiment de m'en convaincre
Ça rendrait les choses tellement plus simples

Et maintenant, ça m'avance à quoi ?
Rien de nouveau à l'horizon, aucun horizon nouveau
Comme une bouteille à la mer, crois-moi
Jamais quelqu'un de bien, jamais le plus beau

C'est revenu comme si cela ne m'avait jamais quitté

Ça n'aura pas de droit, je lui refuse son identité

Comme le cyclone, la haine possède un œil

Le miens est sauvage, plein de deuil

Une bougie consumée qui continue de briller

Un cœur encendré qui continue de brûler

Comme une lueur d'obscurité à ma portée

Comme si rien ne pouvait plus me combler

Au bord du précipice, perdus dans mes pensées

Pas certain d'avoir peur d'y replonger

Sans fumée, sans voler, sans pleurer

Je tente en vain, de m'évader

Je lutte pourtant, jour et nuit, au fil de ma vie

Longue absence m'a fait retombée en poésie

Presque comme si cela m'avait manqué

Esprit torturé, sentiments condamnés

Tourner la page

On m'a dit un jour que mes mots, ils n'étaient pas pareils
Différents des autres , quand je parle, quand j'écris
On ressentirait autre chose, quelque chose de brut
Comme s'ils étaient totalement honnêtes, issus du cœur

J'ai le cœur qui fait des braises
Quand mes amis de lycée m'oublient
Quand je repense à Ryan, qui nous attend au ciel
Merci à Neige, elle m'a sauvée la vie

Je ne t'oublie pas Joanna, je ne t'oublierais jamais
Je suis presque certain qu'au fond de toi, tu le savais
On a vécu tellement de choses tous les deux
On s'est dit tellement de choses, les yeux vitreux
Tu me manques tellement, si souvent
Je me souviens, notre petit mot, notre serment

Désolé Cécile, finalement on s'est abandonnés
Mais tout cet espoir, je ne l'oublierais jamais
Tout va bien, j'espère que tu es heureuse
Rassuré que tu sois en vie, j'ai l'âme peureuse

Camille, tu ne mérites même pas une ligne
Pourtant j'ai encore des choses à te dire
Tu as allumé ma lanterne, pour marcher dans l'obscurité

Tu es partie avec ta flamme, sans me montrer comment avancer

J'ai dû fermer les yeux, pour éviter de te maudire

On ne se reverra jamais, je ne te ferais plus de signe

Je tourne en rond, encore et encore, sans arrêt

Plus ridicule que jamais, à parler à des fantômes

La tête sortie de l'eau avec l'envie d'y retourner

Libérez mon âme, sortez-la du cyclone

Dans la vie, j'en suis à mon dernier espoir

J'ai besoin d'aide pour sortir du noir

Mais je suis le méchant de l'histoire

Même devant des foules en liesse

Je ne pense qu'à ma vengeance, sans cesse

Appelez-moi Ghostface

Tellement de rêve de gloire

Vertige ou victoire, désespoir

Je refuse de m'effondrer

Je ne veux pas être oublié

Aucune beauté, seulement du charme, de la sagesse

Ma religion c'est l'amour et j'ai trouvé ma prêtresse

Je vis trop dans le passé

Mon avenir ne demande qu'à briller

Je mets fin à mon naufrage

Il suffisait de tourner la page.

Page libre

Bonus

Fatalité

(One shot)

Je me suis retrouvé seul avec mes pensées ;
Ma tête est soignée, les cicatrices sont pansées
Je respire à nouveau, l'air, les fumées et les pensées
Loin d'être libéré, je suis libre de ne plus penser

Compliquée l'année dernière,
Pas si brève, pas si belle
Petite visite en enfer
Pathétique, épuisante, cruelle

Après mon recueil, j'essayerais le rap
Juste pour être sûr d'avoir tout échouer
J'suis pas toujours à la hauteur, désolé
Promis, peut-être que demain je me rattrape

Ouais, mon encre est triste, elle l'a toujours été
Faut bien, quand on veut écrire, être torturé
C'est pas grave, c'est pour la crédibilité
Dites-vous que au moins j'ai arrêté de fumer.

Et puis j'ai un peu de répit

J'ai trouvé l'amour de ma vie

Depuis six courtes années

Mes douces années fusées

J'essaie toujours d'être quelqu'un de bien

Ça, ça n'a pas changer non plus

Tout comme l'alcool, et les regrets

Même les rimes se perdent, dans cette découture

Pardon, je reprends, j'vous emmerde tous

Enfin presque, ça dépend, j'suis plus sûr

Mes nuits infernales sont parties, en plus

Alors pourquoi j'continue d'avoir peur ?

Ah, c'est confus, c'est pas beau, c'est pas bon

C'est maladroit, c'est sans doute un peu con

Tant pis, on aura qu'à dire que c'est comme moi

Ça ne m'empêchera jamais d'être un roi

<u>Nuits Infernales</u>
(Ancien poème)

Ces derniers temps, c'est toujours la même chose
Le soleil me brûle et la lune me fait des ecchymoses
J'essaie de me réfugier : dans l'amour, dans la haine, dans l'action
Rien ne fonctionne, tout me pousse vers les abîmes, les désillusions.

Mon corps refuse encore tout mouvement, je reste allongé, les yeux dans le vide
Comme si une force divine me faisait tourner la tête, rendait ma peau livide
Je suis enfermé dans mon propre corps, il refuse l'extérieur
Un simple et triste sentiment constant : la peur
Parce que l'impression de n'être plus qu'un visage sur de vieilles photos
Une humanité disparue, une identité inconnue, un cœur avec une fissure de trop

Mes journées sont longues et mes nuits interminables
Mon âme est triste, réfugiée au fond de mon être trop instable
Trop souvent la peur d'être une simple étoile dans cette galaxie
Trop souvent la crainte d'être fui par mes plus proches amis
Véritable malédiction, un univers entier comme antagoniste
Qu'importe l'histoire, je ne devrais pas en être le protagoniste

Mon enveloppe charnelle ne connaît plus le goût de l'alcool
Mes humeurs changent, mais toutes ignorent le sens de « drôle »
Pourquoi ? Pourquoi le ciel est-il si clair et ma personne si sombre ?
Je ne comprends pas, pourquoi chez moi le mot « joie » reste dans l'ombre ?

Seul, triste, affamé, dangereux ; tant de mots si représentatifs
Les cieux sont si beaux, et ces filles si étoilées ; cela m'attriste
Pour seule raison : mon désespoir, mon anarchisme, ma détresse
Ma vie est un jeu perdu d'avance où le seul but était de trouver une déesse
Le bonheur c'est pour les gentils, les autres seront déçus
J'ai l'impression d'être le diable, sans son côté ange-déchu

Et ce soir, comme d'habitude, Le sommeil m'est interdit
Il me semble si lointain, et pourtant je l'entends, qui rit
Probablement de moi, de mon chagrin, du fait que les autres me déteste
Je suis à bout, je n'en peux plus ... tout doit s'arrêter, il faut que ma vie cesse.

Page libre

Page libre